COLLÉGIALE

DE SAINT-QUENTIN

RENSEIGNEMENTS

POUR SERVIR A L'HISTOIRE DE CETTE ÉGLISE, COMPRENANT

1° UNE RECHERCHE

SUR LA PATRIE ET LES TRAVAUX DE VILARD D'HONNECOURT,

2° UN MÉMOIRE

SUR DES DÉCOUVERTES ARCHÉOLOGIQUES FAITES DANS LE SOUS-SOL
DU CHOEUR,

3° UN RAPPORT

A M. LE MAIRE DE LA VILLE DE SAINT-QUENTIN
SUR LES CONDITIONS ACTUELLES DE STABILITÉ DE CE MONUMENT.

Par Pierre BÉNARD,

Architecte,
ancien Répétiteur à l'Ecole centrale des Arts et Manufactures,
Membre titulaire de la Société académique
de Saint-Quentin, Maître des Ouvrages de la Collégiale.

PARIS.

LIBRAIRIE CENTRALE D'ARCHITECTURE,
13, rue Bonaparte, 13.

1867.

RECHERCHE

SUR

LA PATRIE ET LES TRAVAUX

DE VILARD D'HONNECOURT

Notice lue à la Sorbonne, dans l'une des séances extraordinaires du Comité impérial des travaux historiques et des Sociétés savantes, en avril 1865.

Ce que nous savons de Vilard d'Honnecourt (ou Villard de Honnecourt) ne nous est connu jusqu'ici que par son album. L'examen de ce cahier de croquis et de notes, ainsi que l'ont fait remarquer M. Quicherat, et, après lui MM. Lassus et Darcel, nous apprend que cet architecte florissait entre 1230 et 1260; il nous montre son instruction très-étendue et très-variée, ses nombreux voyages, ses relations avec les grands artistes du temps.

Vilard ne mentionne, dans son album, d'une manière expresse et explicite, aucun des travaux qu'il a dirigés, et pour y trouver des indications relatives aux édifices qu'il a pu construire, on est réduit à faire des hypothèses, à chercher des allusions dans le texte, à tirer de la position géographique du lieu de sa naissance des inductions plus ou moins probables. C'est ainsi que les savants que nous venons de citer ont été amenés à penser que Vilard aurait été un Picard du Cambrésis, et qu'il aurait construit le chœur de la cathédrale de Cambrai. Dans l'état d'incertitude où se trouve encore la question, même après une opinion si autorisée, nous croyons devoir essayer d'exposer quelques observations qui contribueront peut-être à réduire le champ des hypothèses.

VILARD EST-IL UN PICARD DU CAMBRÉSIS ?

Il est vrai qu'Honnecourt fait actuellement partie de l'arrondissement de Cambrai ; cette commune est située à l'extrémité méridionale de cet arrondissement, et elle confine à celui de Saint-Quentin ; mais il est également vrai qu'avant la Révolution, Honnecourt appartenait, non pas au Cambrésis, mais au Vermandois, province de Picardie. C'est ce qui résulte de l'examen des manuscrits de Dom Grenier (1) ; Honnecourt y figure sur la carte du Vermandois, au nord-ouest. Cette localité, dépendante du bailliage de Saint-Quentin, possédait une abbaye d'hommes dont la maison de refuge était à Saint-Quentin (2). Les cartes dressées par le sieur Michel, ingénieur du Roi à l'Observatoire, vers 1750, placent aussi Honnecourt dans le Vermandois. Le procès-verbal des Etats des bailliage et prévôté du Vermandois, tenus les samedi 31 octobre 1556 et jours suivants en la ville et cité de Reims, et présidés par Christophe de Thou, conseiller du Roi en sa cour du parlement, pour la révision des coutumes générales du Vermandois, portent Honnecourt comme appartenant aux bailliage et prévôté de Saint-Quentin. Enfin, on lit dans l'*Histoire de France* de Dupleix (3) : « Edouard s'avance en Picardie, honteusement repoussé à Honnecourt par l'abbé du lieu... »

1 A la Bibliothèque impériale, 16ᵉ paquet, 106.

2 Nous devons ces renseignements à l'obligeance de MM. Henri Martin, historien, et Ch. Desmaze, conseiller à la Cour impériale de Paris.

3 Règne de Philippe VI, 1339.

Ces indications suffisent pour prouver que Vilard était un Picard, non pas du Cambrésis, mais du Vermandois. — Il était Picard; donc il n'était pas du Cambrésis qui n'a jamais été province picarde. S'il eût été du Cambrésis, il serait Wallon, et par conséquent sujet non de la France, mais de l'Empire, puisque le Cambrésis n'a été réuni à la France que par la conquête, en 1677.

QUELS FURENT LES TRAVAUX DE VILARD ?

L'opinion qui consiste à considérer Vilard comme originaire du Cambrésis conduisait naturellement à chercher ses travaux dans cette province. Et comme, d'une part, l'architecte de la cathédrale de Cambrai (1) est inconnu jusqu'ici, et que, d'un autre côté, l'album mentionne ce monument, on en a inféré que l'architecte de la cathédrale de Cambrai n'était autre que Vilard.

Notre-Dame de Cambrai est citée deux fois dans cet album, d'abord à la planche XXVII : « Voici le plan de Madame Sainte-Marie de Cambrai, tel qu'il sort de terre. Plus avant en ce livre vous en trouverez les élévations du dedans et du dehors, ainsi que toutes les dispositions des chapelles et des murailles et la forme des arcs-boutants. » Par malheur, ni la planche XXVII, ni aucune autre, ne présentent trace des élévations annoncées. Voici la seconde citation; elle se trouve à la planche LIX : « En cette autre page vous pouvez voir les élévations extérieures des chapelles de l'Eglise de Reims, ainsi qu'elles sont depuis la base jusqu'au sommet. De cette manière doivent être celles de Cambrai si on les construit. Le dernier entablement doit former des créteaux. »

Il est permis d'hésiter à conclure de ces deux notes que Vilard

---

1 Mise en vente, comme bien national, en 1796, cette cathédrale fut adjugée à un sieur Blanquart, négociant de Saint-Quentin, qui la fit démolir par spéculation.

ait été l'architecte de la cathédrale de Cambrai. Comparons-les à celle-ci, dans laquelle il décrit la cathédrale de Reims :

« Remarquez bien ces élévations : Devant la couverture des bas-côtés il doit y avoir une voie sur l'entablement, et il doit y en avoir une nouvelle sur le comble de ces bas-côtés devant les verrières, avec des créteaux bas, comme vous le voyez en l'image qui est devant. A l'amortissement de vos contre-forts il doit y avoir des anges, et par-devant des arcs-boutants. Devant le grand comble il doit y avoir des voies, et des créteaux sur l'entablement pour circuler lorsqu'il y a danger du feu. Il doit y avoir aussi sur l'entablement des chéneaux, pour déverser l'eau. Je vous le dis encore pour les chapelles. »

On le voit : le ton est le même, ni plus ni moins impersonnel. A Reims, il dit : « Devant la couverture il doit y avoir une voie, etc.; » à Cambrai, il s'exprime en termes équivalents : « De cette manière doivent être les chapelles, si *on* les construit. »

Pourquoi ce *on* indéfini, si Vilard est l'architecte de la cathédrale de Cambrai? Est-il dans son tempérament de faire abstraction et abandon de sa personnalité, au point de n'affirmer nulle part qu'il est l'auteur de ce grand édifice ? — Le style, c'est l'homme. Voyons donc par le style, si le caractère de l'homme tend à un pareil effacement de soi-même.

Dès la première page de l'album, il signe son œuvre : « Vilard d'Honnecourt vous salue, » dit-il en débutant.

Plus loin, lorsqu'il reproduit un simple dessin d'abside qu'il a étudié avec un collègue, picard comme lui, il nomme son collaborateur, mais il se nomme aussi, lui premier : « Istud presbyterium invenerunt Ulardus de Honecort et Petrus de Corbeia, inter se disputando. »

Et plus bas, même feuillet, pour être compris de tout le monde, il traduit le même renseignement en langue vulgaire : « Ci-dessus est une église à double collatéral que trouvèrent Vilard d'Honnecourt et Pierre de Corbie. »

Ailleurs, dessinant une fenêtre de la cathédrale de Reims, son église de prédilection, il écrit : « Voici une des fenêtres de Reims, des travées de la nef, comme elles sont entre deux piliers. J'étais mandé dans la terre de Hongrie quand je la dessinai, parce que je la préférais. »

J'ai peine à croire que l'artiste qui, en prenant un croquis de fenêtre, n'oublie pas de nous apprendre qu'il va se mettre en route pour la Hongrie, oublierait de nous dire, en nous présentant les dessins d'une vaste cathédrale, qu'il est l'auteur des plans et le directeur de l'œuvre. Il m'est difficile de comprendre que Vilard, créateur des plans de la cathédrale de Cambrai, ne nous en entretienne pas avec plus d'émotion et de complaisance que des plans de la cathédrale de Reims, et qu'il n'y ait pas apposé au moins une fois sa signature.

De cette discussion on peut conclure les deux points qui suivent :

1° Vilard a visité les cathédrales de Reims et de Cambrai, au moment où les travaux étaient en pleine activité ; il a eu des conférences avec les deux maîtres de l'œuvre ; il a pris communication de leurs dessins, et il a relevé ses croquis autant d'après ces dessins que d'après les maçonneries déjà exécutées.

2° L'album ne contient, selon nous, les dessins d'aucun des édifices que Vilard a pu être chargé de construire ; c'est un simple carnet de notes et de croquis de voyages, un portefeuille de renseignements recueillis jour par jour. Tantôt il va chercher ces documents bien loin, tantôt il les rencontre chemin faisant ; esprit observateur et encyclopédique, il les consigne à la minute, sans ordre préconçu ; il les accumule pour son propre usage et pour l'instruction de ses élèves. A Cambrai, il dessine le plan du chœur ; à Chartres, il prend le croquis de la grande rose ; à Laon, celui des tours ; à Reims, il étudie attentivement les élévations générales du vaisseau, les fenêtres, les appareils ; en Hongrie, c'est un dallage qui attire son attention, et dont il relève les motifs. C'est ainsi qu'il compose son album des spécimens qui lui paraissent les plus parfaits des divers éléments d'une cathédrale. Chargé évidemment de la construction de quelque grand édifice, et jaloux de créer une œuvre qui soit à la hauteur des progrès de l'art, il commence par faire son tour d'artiste, et prépare de longue main ses matériaux.

Mais quel peut être cet édifice que nous ne connaissons pas ? A quels caractères le distinguerons-nous ?

Si nous trouvons un monument de premier ordre dont l'auteur soit encore à nommer, si ce monument a été construit au moment même où Vilard était dans la plénitude de son activité et de sa réputation, si ce monument se trouve dans la patrie de Vilard, s'il présente dans plusieurs de ses parties des traits extraordinaires et non encore remarqués de ressemblance avec les dessins que Vilard a rapportés de Chartres, de Hongrie, de Reims, nous pourrons dire, sinon à coup sûr, du moins avec un haut degré de probabilité, que ce monument est l'œuvre de l'architecte picard. — Ce monument existe ; l'album va nous mettre sur la voie et nous montrer la trace qui nous conduira jusqu'au seuil.

Dans la capitale de ce Vermandois, patrie de Vilard, se réédifiait lentement, à l'époque de sa naissance, l'ancienne collégiale bâtie par Charlemagne (*gloriosus constructor hujus ecclesiæ*, disent les chartes). Au moment où Vilard arrivait à la maturité de son talent, une nouvelle et plus vigoureuse impulsion était imprimée aux travaux de ce monument ; l'abside, les deux transsepts orientaux et le chœur s'élevaient avec rapidité. En 1257, cette vaste construction s'achevait, et saint Louis l'inaugurait en personne : « De veteri ecclesiâ in novam fabricam, quæ præclaro opere inchoata refulget (1). »

En faisant déposer, il y a quelque temps, dans une des chapelles absidales de cette église de Saint-Quentin, un autel, genre corinthien, en bois peint à l'imitation du marbre, et dont les dimensions encombrantes masquaient les baies circonvoisines, nous avons eu le bonheur de découvrir, sur un panneau de

---

1 Charta testimonialis Ludovici IX.

la partie inférieure des murs, à hauteur d'homme, un dessin qui frappa vivement notre attention. Ce dessin, bien qu'endommagé jadis par les maçons qui avaient profondément

Fig. 1.

entaillé la muraille pour faire entrer de force le rétable carré de cet autel dans le contour polygonal de la chapelle, est encore assez bien conservé pour qu'il nous ait été facile d'en restituer la composition intégrale (fig. 1).

Ce dessin, gravé sur la pierre, représente une grande rose de
cathédrale ; il a soixante-six centimètres de diamètre, et les à-
jour y sont figurés par des refouillements très-habilement et

Fig. 2

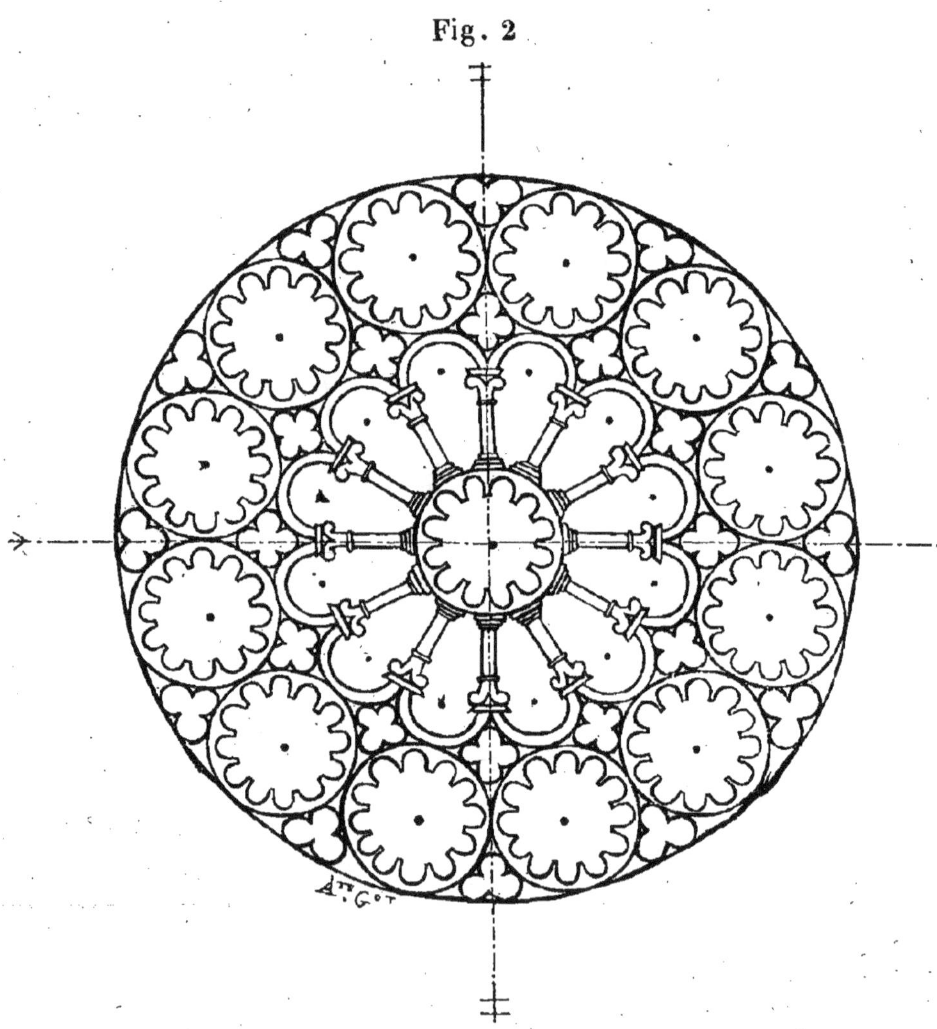

finement exécutés. Tout nous porte à croire que c'est la réduc-
tion et l'étude préliminaire de l'ancienne rose du premier transsept nord, démolie au XVIᵉ siècle et reconstruite en style flam-
boyant. Ce qui nous surprit par-dessus tout, c'est la ressemblance

extraordinaire qu'il offre avec le dessin de la planche **XXIX** de l'album, désigné par la légende: « C'est la fenêtre de l'église de Sainte-Marie de Chartres. » (Fig. 2.)

Fig. 3.

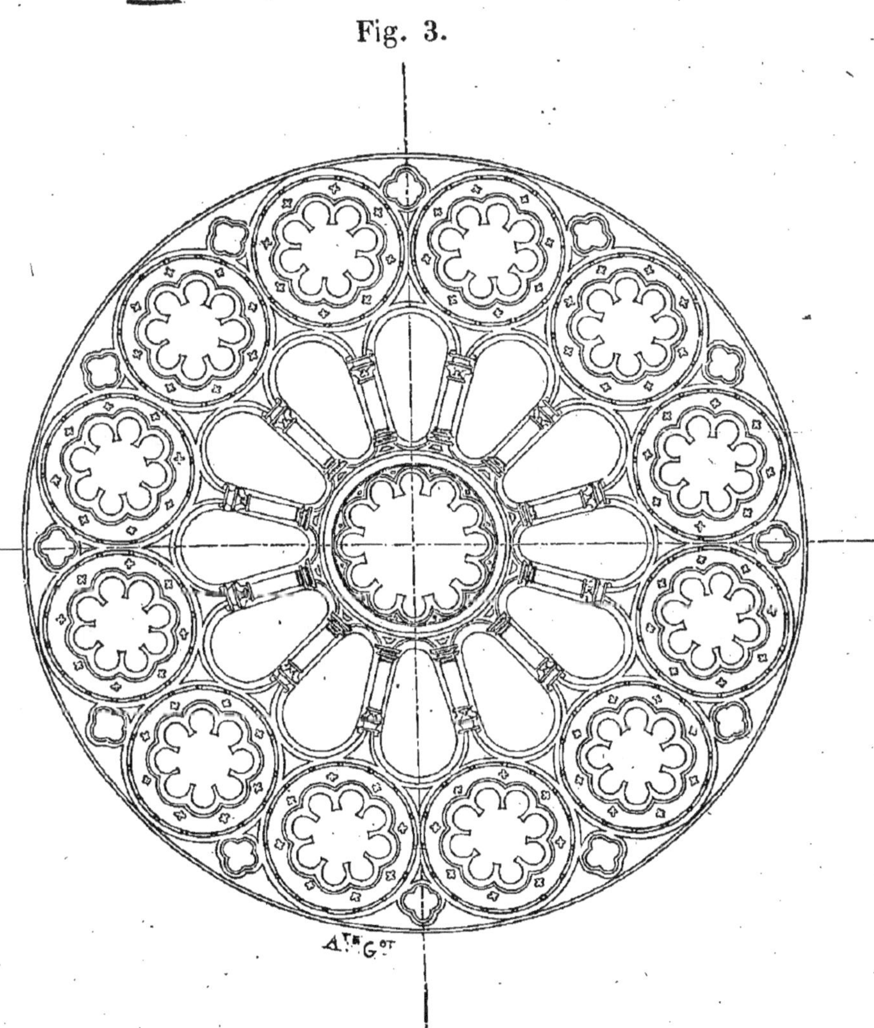

Cette rose de l'album est elle-même une variante de la rose qui existe à la façade occidentale de Chartres. (fig. 3).

Le plan et la composition de ces trois roses sont identiques; douze arcatures en plein cintre portées sur douze colonnes rayonnantes en forme de roue; pour moyeu une rosette à douze lobes, et autour de la jante douze autres rosettes. La différence entre l'original et les deux copies consiste uniquement dans les détails. Ainsi, à Chartres, l'axe vertical et l'axe horizontal de la rose passent par les centres des arcatures, tandis que dans l'album ces mêmes axes principaux de la rose coïncident avec les axes des colonnes; or la rose de Saint-Quentin présente cette même particularité. A Chartres, les bases des colonnes reposent sur des arcs renversés tangents à la circonférence de la rosette centrale ; dans la rose de l'album, les bases des colonnes reposent carrément sur cette circonférence, et cette disposition caractéristique se retrouve encore à Saint-Quentin. Remarquons aussi que les rosettes du pourtour, à Saint-Quentin comme à Chartres, ont leur centre sur le prolongement des axes des colonnes, tandis que dans l'album elles ont leur centre sur le prolongement des axes des baies; enfin, à Saint-Quentin comme à Chartres, ces rosettes sont à huit lobes et plus petites que la rosette centrale, et dans l'album elles sont à douze lobes et aussi grandes que la rosette centrale. Ainsi la rose de Saint-Quentin est une moyenne entre celle de Chartres et celle de l'album, et il est évidemment impossible que celui qui l'a tracée n'ait pas eu sous les yeux le dessin de l'album.

A côté de ce fait si remarquable nous avons à en signaler un autre non moins surprenant.

Dans la même planche XXIX, Vilard donne des dessins de pavés en mosaïque (fig. 4) disposés par carrés, et accompagnés de cette note : « J'étais une fois en Hongrie, là où je demeurai maints jours, et j'y vis un pavement d'église fait de telle manière. »

Or la chapelle Saint-Michel dans la tour, qui occupe tout l'étage au-dessus du narthex de la collégiale de Saint-Quentin, possède encore une assez grande partie de son dallage primitif; c'est une mosaïque en carreaux de terre cuite, rouges et noirs, colorés dans la pâte, et s'ajustant pour former des dessins géométriques (fig. 5). Non-seulement la disposition générale par

Fig. 4.

Fig. 5.

panneaux variés s'y retrouve comme dans l'album, mais encore l'un des dessins de l'album, celui qui représente des étoiles formées par des intersections de cercles, y est intégralement reproduit. Il est d'ailleurs bien visible que les motifs des autres panneaux du dallage de la chapelle Saint-Michel dérivent du croquis de Vilard, et qu'ils ont été composés sous leur inspiration. M. Alfred Ramé, qui a relevé ce carrelage, le fait remonter au xiie siècle ; M. Viollet-le-Duc l'attribue à la fin du même siècle. Nous nous permettrons de nous demander si ce dallage ne serait pas du xiiie siècle, à raison de la grande importance qu'y prennent les tons rouges , signe caractéristique de cette époque.

Et d'ailleurs, comment expliquer cette étrange coïncidence d'un dessin de carrelage rapporté de Hongrie et qui aurait existé antérieurement dans une chapelle de l'église de Saint-Quentin ? — Vilard, enfant du Vermandois, pouvait, du seuil de la maison natale, apercevoir les étages supérieurs de cette même tour Saint-Michel. Le voilà visitant les édifices en construction dans les contrées voisines, Vaucelles, Cambrai, Laon ; est-il présumable que lui, l'artiste si vivement épris de recherches, d'études, de comparaisons et de choses neuves, qui ne pouvait aller de Cambrai à Laon sans passer nécessairement par Saint-Quentin, ait ignoré ou négligé un monument plus important que les cathédrales de Cambrai et de Laon, un monument en pleine sève de croissance, auquel, sous ses yeux, les carrières de son terroir fournissaient leurs pierres ? Et s'il l'a visité, pourquoi aurait-il rapporté de Hongrie le dessin d'un dallage qui s'y serait déjà trouvé ? Par quel autre hasard inouï ce même dallage aurait-il existé simultanément dans deux localités plus éloignées l'une de l'autre à cette époque, que ne le sont aujourd'hui les antipodes ?

Admettons au contraire que Vilard, revenant de Hongrie avec le dessin du dallage dans son album, ait été choisi pour diriger les travaux de la collégiale de Saint-Quentin, par un chapitre qui était en relations fréquentes avec la collégiale

d'Honnecourt, et tout s'explique. Il puise dans son album,
parmi les renseignements de tout genre qu'il a recueillis, ceux
qui se rapportent à l'œuvre dont il est chargé ; il en fait les
applications les plus diverses, suivant la nature des ouvrages
qu'il s'agit d'exécuter ; en les appliquant, il se les assimile, il leur
imprime le cachet de son originalité, de son goût et de son sen-
timent. Ici il s'inspire de la rose, je pourrais dire des verrières
de Chartres ; là, du dallage de Hongrie ; c'est ainsi que nous
allons le voir faire à ses dessins de Reims un emprunt aussi
flagrant qu'intelligent et heureux ; et pour le reconnaître, il
nous suffira de remarquer les analogies intimes que présentent
dans leurs élévations les chœurs de Reims et de Saint-Quentin.

Voici les coupes en travers comparées des absides de ces
deux églises, que nous avons relevées et rapportées à la même
échelle. (Voir pages 14 et 15.)

De part et d'autre, même division entre trois étages : arcades
du collatéral, triforium, claire-voie formée de fenêtres divisées
en deux baies et surmontées d'une large rose. Dans l'une
comme dans l'autre, les grandes colonnes du rez-de-chaussée
sont raidies du côté de la poussée au vide par une colonnette
unique placée en avant, disposition *sui generis* et que nous ne
retrouvons ni à Cambrai, ni dans aucune autre abside, si ce n'est à
Soissons. A Saint-Quentin, comme à Reims, le triforium est
pris dans l'épaisseur du mur qui reste plein derrière, et se
compose de simples arcatures ogivales portées sur des colon-
nettes circulaires. La seule différence à signaler, dans cet étage,
c'est qu'à Reims les travées du triforium absidal sont composées
de deux arcatures égales, entre lesquelles s'engage la colonnette
du meneau de la fenêtre supérieure, tandis qu'à Saint-Quentin
ces mêmes travées sont composées de trois arcatures égales ;
et cette différence disparaît dans les travées courantes du chœur,
qui sont en tout semblables de part et d'autre. Les grandes baies
de la claire-voie sont, dans les deux églises, partagées par un
meneau identique aux détails figurés dans l'album, et surmontées de roses qui conservent la même proportion. Enfin

REIMS.

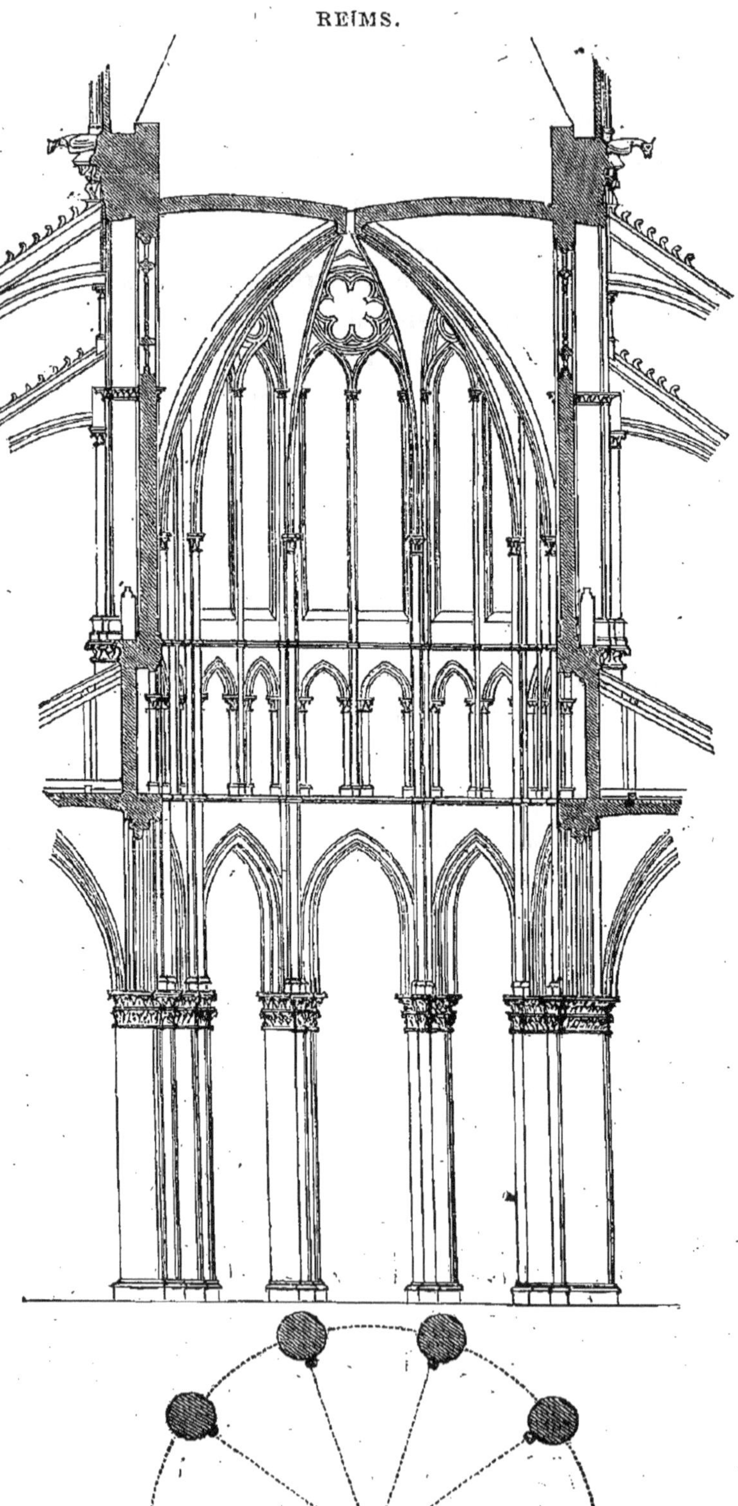

SAINT-QUENTIN.

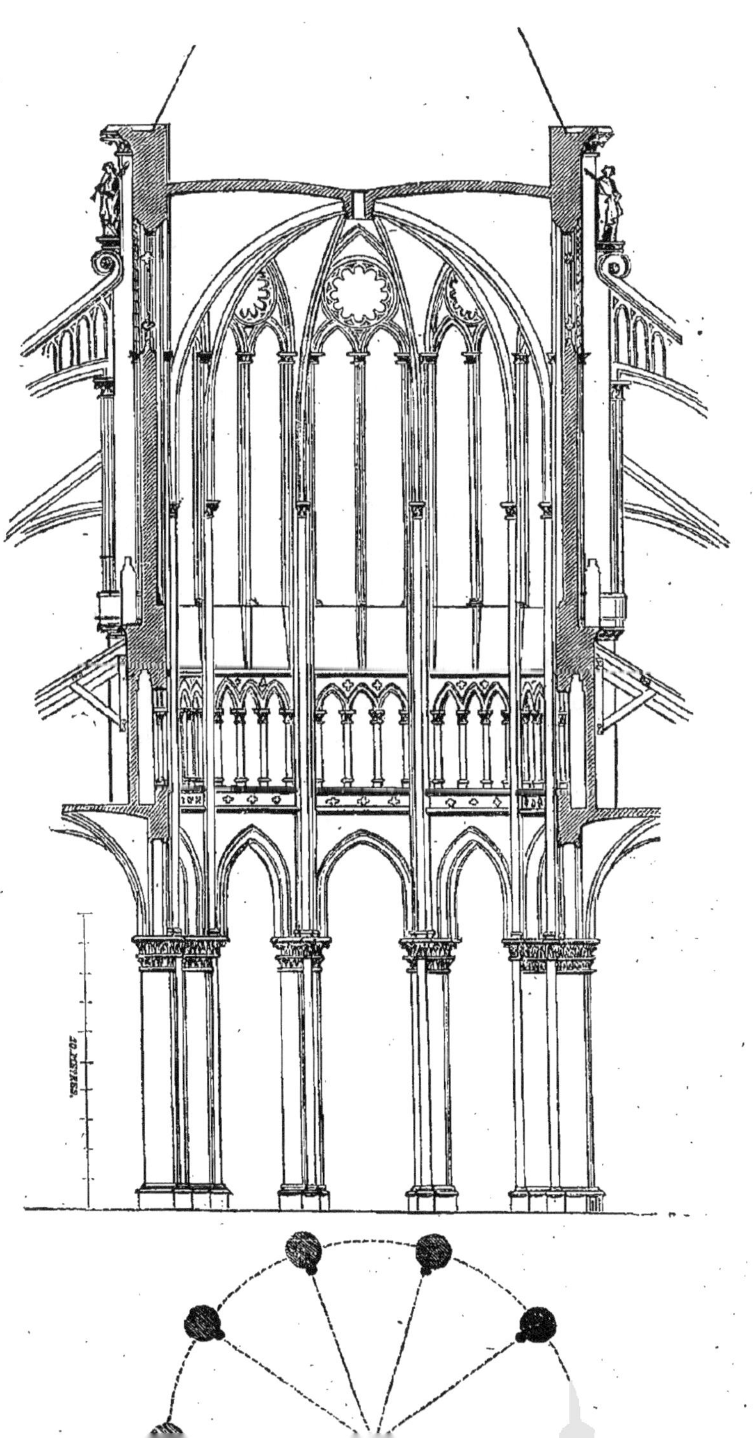

l'ossature et l'appareil de la voûte des deux absides sont en tout point semblables.

Extérieurement, les passages de service sont ménagés et construits d'une manière identique; la disposition de la couverture des collatéraux est la même : c'est le toit en appentis. Et chose curieuse, les figures d'anges que Vilard signale comme devant décorer l'amortissement des contre-forts au-dessus du point d'application des arcs-boutants, et qui n'existent plus à Reims, se voient encore aujourd'hui à Saint-Quentin, dans la position qui leur est assignée dans l'album : ce sont de grandes figures d'anges musiciens.

Ainsi, même parti pris, même composition, mêmes dispositions, jusque dans la plupart des détails; et cependant les deux églises présentent chacune leur physionomie bien distincte, et qui tient beaucoup plus à la différence des proportions qu'à celle des dimensions. La cathédrale de Reims est un peu plus large et plus haute que la collégiale de Saint-Quentin; voici les mesures respectives : largeur du vaisseau entre les colonnes, 12m, 80 et 12m, 35; hauteur sous clef, 37m, 60 et 35m, 20. Nous ne croyons pas nous tromper en trouvant dans la comparaison des deux édifices la confirmation la plus sensible et la plus concluante de l'opinion émise par M. Viollet-le-Duc, que les étages inférieurs de la cathédrale de Reims ont été projetés et construits en vue de porter un vaisseau d'une plus grande hauteur, et que la claire-voie et les arcs-boutants ont été réduits en cours d'exécution. Les arcades du collatéral et le triforium, par le volume et par la masse des colonnes, non moins que par l'ampleur de leurs dimensions, font attendre un clair-étage de grandeur correspondante; et sur des jambages aussi puissants l'œil surpris ne trouve qu'un corps relativement amoindri et écourté. A Saint-Quentin, la composition architecturale n'est ni moins simple, ni moins sobre; elle est plus nette et plus franche, et l'élégance exquise des proportions donne aux lignes une magnificence sans pareille. De la base des colonnes à la clef des voûtes, les trois étages se surperposent et s'unifient avec une grâce et une harmonie parfaites, et je ne sais pour qui des deux, l'église ou Vilard, il est le plus à désirer que l'une soit l'ouvrage de l'autre.

Voici un dernier rapprochement : C'est la similitude du plan des deux chapelles en forme d'absidioles, placées au fond des doubles collatéraux du chœur de la Collégiale de Saint-Quentin, et du plan des chapelles demi-circulaires du chevet de l'abbaye de Vaucelles, dessiné à la page XXIII de l'album, avec cette légende : *Istud est presbiterium beate Marie Vacellencis ecclesie ordinis Cisterciensis*, église que M. Darcel présume avoir été construite par Vilard (1).

Ce qui fait l'originalité du plan de ces chapelles. c'est qu'elles sont en communication, d'un côté avec le collatéral absidal, et de l'autre en retour, avec un espace rectangulaire adjacent, au moyen de deux grandes arcades retombant sur une même colonne isolée; il en résulte que les chapelles sont ouvertes d'équerre en deux sens; à Vaucelles, l'espace adjacent est une autre chapelle dont le plan est carré; à Saint-Quentin, cet espace est un transsept dont le plan est également carré. N'oublions pas que l'église de Saint-Quentin est à quatre transsepts (2) et qu'outre son collatéral courant qui environne tout le vaisseau en pourtournant l'abside, elle présente, de chaque côté, un second collatéral adjacent au premier, mais seulement entre les deux systèmes de transsepts. C'est à l'extrémité de ces doubles collatéraux, au-delà des seconds transsepts, que sont situées les deux chapelles qui nous occupent. Plusieurs églises ont comme celle de Saint-Quentin, un double collatéral qui s'arrête aux chapelles absidales; telles sont, comme on le sait, celles de Reims, d'Amiens, de Beauvais, de Cologne, etc. Ces collatéraux sont toujours terminés contre l'abside par un mur droit, perpendiculaire à leur axe; ils semblent venir s'y heurter, et les chapelles leur font suite brusquement. A Saint-Quentin,

1 La distance de Vaucelles à Honnecourt est de six kilomètres.

2 Ses dimensions totales, hors œuvre, sont les suivantes : longueur, 135 mètres ; largeur, 53 mètres.

le plan des doubles collatéraux se raccorde au plan des chapelles absidales de la manière la plus habile et la plus élégante, par l'intermédiaire de ces absidioles ouvertes en deux sens. La seule église dans laquelle on rencontre une disposition analogue est la cathédrale de Troyes; mais la ressemblance est bien plus frappante entre les chapelles de Saint-Quentin et de Vaucelles. Si ces dernières n'ont pas été, les unes et les autres, construites par le même architecte, il faut au moins convenir qu'elles dérivent de la même conception. Ajoutons que c'est précisément sur le mur d'une de ces chapelles que se trouve gravée la rose précédemment décrite.

Nous pourrions présenter encore d'autres analogies entre les dessins de Vilard et les détails de la collégiale de Saint-Quentin, analogies tirées des motifs d'ornements et des appareils figurés dans l'album; mais les considérations qui précèdent suffisent, pensons-nous, pour justifier la proposition que nous avons énoncée.

Sans doute nous n'avons pas prouvé sur pièces authentiques que le chœur de l'église de Saint-Quentin est l'œuvre de Vilard; mais nous croyons pouvoir affirmer qu'en tout cas les choses s'y présentent exactement comme s'il en était ainsi, et qu'elles sont inexplicables autrement. Nous avons en même temps démontré que Vilard est une illustration du Vermandois. — Ce sont là les deux points que nous désirions établir.

MÉMOIRE

SUR DES DÉCOUVERTES ARCHÉOLOGIQUES

Faites dans le sous-sol du chœur de la Collégiale

Lu à la Société académique de Saint-Quentin,
en Décembre 1865.

Toutes les traditions s'accordent à désigner la portion du
chœur de la Collégiale, comprise entre la crypte et le grand
transsept, comme ayant été occupée sans discontinuité par les
diverses basiliques qui se sont succédé depuis l'an 351 ou 357,
époque où la première église fut fondée par sainte Eusébie sur
le tombeau de saint Quentin. Cette circonstance me donnait
lieu d'espérer que le sous-sol de cet emplacement devait renfer-
mer quelques vestiges des divers états par lesquels le monument
a passé dans cet espace de quinze siècles.

Aidé du bienveillant concours de M. l'Archiprêtre et du
Conseil de Fabrique, j'ai donc fait ouvrir une fouille dans le
pavé du chœur, contre le mur formeret des caveaux de la crypte,
construits en 814. Cette fouille, percée à la profondeur de 4
mètres, jusqu'à la rencontre du terrain naturel en cet endroit,
a eu pour premier résultat de mettre à découvert les traces de
huit anciens dallages, superposés par stratifications horizon-
tales ; l'aire la plus profonde et par conséquent la plus
ancienne, est à 3 m. 06 en contrebas du sol actuel, tandis que la huitième aire, ou la plus récente, n'en est qu'à

dix centimètres. En général, il ne reste de ces pavements que les lits de fondation, construits soit en maçonnerie de moëllons, soit en mortier pur ; les intervalles entre les couches sont remblayés quelquefois de terre noirâtre, mais le plus souvent d'éclats de pierres en tout semblables aux détritus des chantiers d'appareilleurs : ces derniers accusent les époques des grands travaux de reconstruction. On y rencontre des fragments de vases funéraires en terre cuite noire, de tuiles très-épaisses, de carreaux en terre cuite, de bois carbonisé, d'enduits colorés, de pierres bleues, de marbre et enfin d'ardoises. Le métal y est très-rare ; je n'ai trouvé, avec trois petits morceaux de fer, informes et envahis jusqu'au cœur par la rouille, qu'une agrafe de ceinturon en cuivre étamé : cette agrafe, fort belle et parfaitement conservée, me semble appartenir aux premières années de l'époque carlovingienne. Parmi ces débris, il faut encore remarquer : d'abord, un élément de pavé mosaïque en terre cuite, gris-foncé, composé de trois petits prismes agglutinés par un excellent mortier, et ayant fait partie d'un pavage qui a dû être exécuté avec beaucoup d'art et de soin ; puis quelques fragments de verre, de la teinte foncée des culs de bouteilles, en forme de plaques de quinze millimètres d'épaisseur, dont la surface est usée par un frottement considérable, et qui me paraissent avoir fait partie d'un ancien dallage ; deux de ces morceaux sont entiers, et ont la forme de quarts de cercle tout à fait géométriques, de onze centimètres de rayon. Ce genre de carrelage, dont les exemples sont infiniment rares, devait former des dessins disposés d'une manière analogue au beau pavé en terre cuite du xiiie siècle qui subsiste encore dans la chapelle Saint-Michel-sous-la-Tour. Mentionnons en outre deux médaillons en verre vert, montés sur cuivre, entourés d'une bordure dorée figurant des dents de scie ; sur l'un d'eux est une tête de femme en émail blanc, vue de profil et offrant le caractère et le relief d'un camée ; sur l'autre est représenté une espèce d'hippogriffe d'une étrange tournure. Ces deux médaillons, composés des mêmes matières, façonnés par la même main, ont été trouvés

ÉGLISE COLLÉGIALE DE Sᵗ QUENTIN.

FOUILLES DANS LE CHŒUR.

Fragment de pavé en mosaïque.

découvert à 2ᵐ 40 au dessous du carrelage actuel.

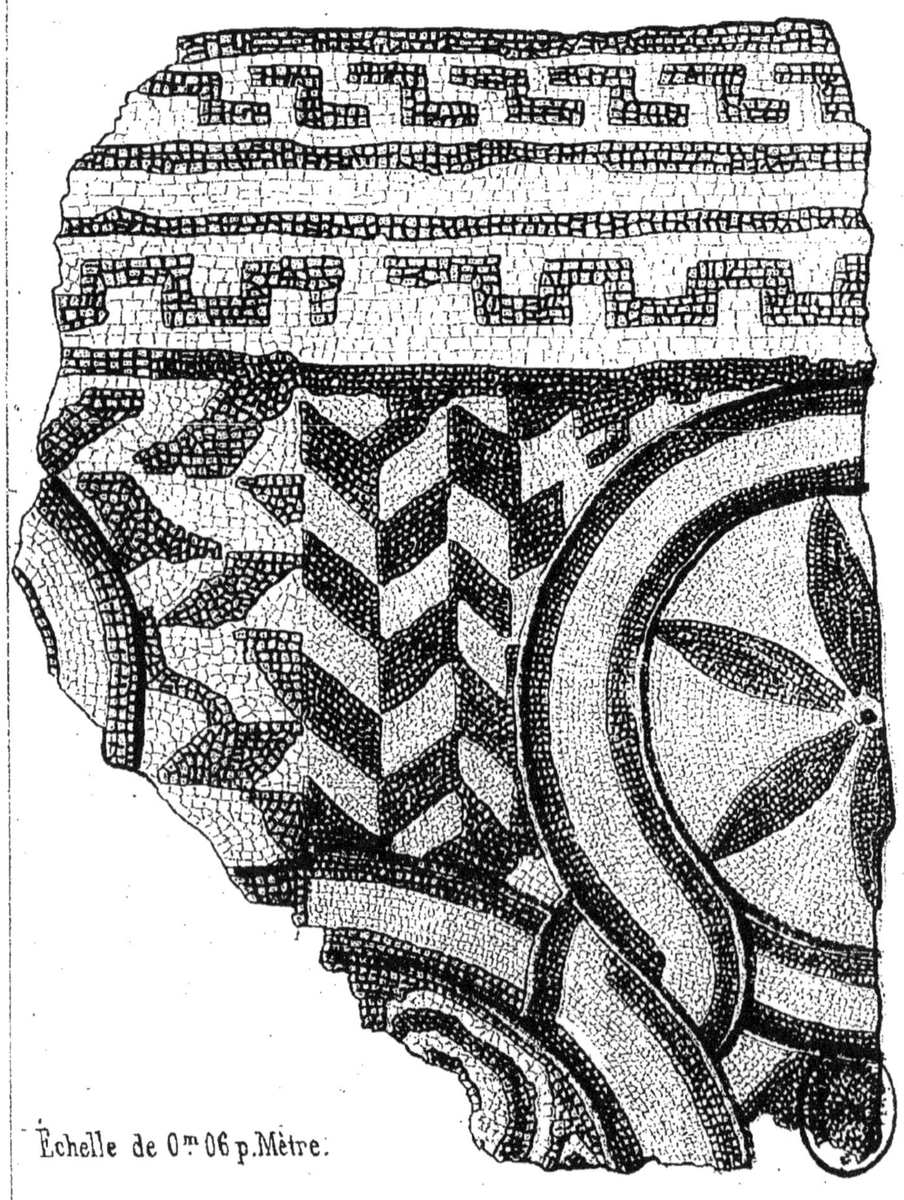

Échelle de 0ᵐ 06 p. Mètre.

à trois mètres de distance horizontale l'un de l'autre, et sous des couches dont la différence de niveau était de deux mètres. Ils semblent appartenir par leur style au byzantin primitif.

Mais le dallage le plus important a été révélé par la fouille, lorsqu'elle fut descendue à 2 m. 40 de profondeur ; elle mit au jour le bord d'une mosaïque encore en place et très-bien conservée ; le dessus de cette mosaïque étant déblayé sur une étendue suffisante ponr en reconnaître le dessin d'ensemble, je constatai avec regret que la plus grande partie de cet ouvrage avait été détruite. Toutefois le panneau qui a été respecté est encore considérable ; il a 2 m. 20 dans un sens, et son étendue dans l'autre sens ne pourrait être connue qu'en élargissant la fouille. Par bonheur, la bordure d'encadrement subsiste encore, et l'on peut se faire une idée complète de son ordonnance, dont les lignes d'axes concordent avec les axes principaux de l'Eglise. Cette mosaïque (Pl. I.) est composée de petits prismes dont les plus épais ont trois centimètres de queue, les uns carrés, les autres triangulaires, et ayant des dimensions variables en plan, les plus grands présentant une surface de quatre centimètres carrés et les plus petits une surface d'un demi-centimètre carré. Il n'y a que trois couleurs : le blanc et le noir, en marbre ; et le rouge-brun en terre cuite. Le dessin se compose de grands cercles qui s'entrelacent deux à deux par leurs points de contact placés en diagonale, et ornés intérieurement de motifs variés, parmi lesquels il ne nous a été possible de reconnaître jusqu'ici qu'une étoile à six rayons, formée par des intersections de cercles : cette étoile a 85 centimètres de diamètre. Les fonds sont blancs ; les circonférences et les motifs qui y sont inscrits sont noirs ; le rouge n'y entre qu'avec une extrême sobriété à l'état de liseré, pour cerner les contours des cercles et leur donner du rehaut. Le champ entre les cercles est rempli de rhombes alternés, suivant l'appareil nommé *opus spicatum* ou point de Hongrie ; ces rhombes sont alternativement blancs et noirs. La bordure qui mesure 74 centimètres de large se compose de deux bandes, dont l'une est garnie d'un ruban plié en grecque, et dont l'autre présente des bâtons consécutifs, rompus d'équerre : ici encore, le fond est blanc et le dessin noir. Un galon noir forme l'ourlet de la bordure, deux autres courent entre les deux bandes, et un quatrième sépare l'ensemble de la bordure d'avec le champ des cercles.

Cette mosaïque est le troisième pavé à partir du fond de la fouille ; ses matériaux, sa construction, son dessin, le petit nombre de ses couleurs, son numéro d'ordre dans la série des couches de dallage, me portent à en faire remonter la date au VIIe siècle. C'est la seule époque, en effet, entre l'invasion des peuples du Nord et l'avénement de Charlemagne, où il y ait eu une sorte de lueur de renaissance des arts ; c'est alors que saint Eloi, l'un des premiers artistes du temps, *vir in omni arte fabricandi doctissimus*, faisait orner les églises de marbres et de mosaïques : *ecclesiam fabricavit, quam columnis fulcivit, variavit marmore*, MUSIVIS *depinxit*. Saint Eloi avait une grande affection pour l'église de Saint-Quentin ; c'est lui qui retrouva, la bêche en main (3 janvier 640), le corps de l'apôtre du Vermandois, en fouillant dans le sol de l'église ; il le plaça dans une châsse qu'il construisit de ses propres mains ; enfin, aidé par les largesses de Clovis II, il fit agrandir et embellir l'église de Saint-Quentin (Vie de saint Eloi, par saint Ouen, liv. II, chap. VI).

Voici dans quel ordre chronologique j'estime que les huit anciens dallages peuvent être classés :

Le premier : vers 415, au temps où l'Eglise, qui était encore le siége des évêques de Vermandois, fut ruinée par les Huns ;

Le second : vers 545, lors de la restauration exécutée par les soins de saint Médard ;

Le troisième : c'est celui de la mosaïque (1) ;

---

1 Nous remarquerons que la bordure et la partie gauche de la mosaïque sont formées de prismes plus gros et plus grossièrement ajustés que ceux de la partie droite ; il y a eu là évidemment un raccord. Le travail le plus fin est aussi le plus ancien ; la réparation a dû être faite à une époque de décadence, probablement dans le VIIIe siècle.

Le quatrième : vers 814, lorsque l'abbé Fulrad, cousin germain de Charlemagne, fit reconstruire l'église avec le secours des libéralités de l'Empereur ;

Le cinquième : vers 885, lorsque l'église fut rétablie après le ravage des Normands ;

Le sixième : lors de l'agrandissement de l'édifice après l'an 1000 ;

Le septième : vers 1257, lors de la dédicace du chœur actuel en présence de saint Louis, qui avait contribué pour une forte somme aux frais du nouvel œuvre ;

Le huitième : après 1559, à la restauration de l'église, lorsque la ville, prise par les Espagnols en 1557, fut rendue à la France.

Le grand incendie du 14 octobre 1669, qui consuma toutes les charpentes et détruisit la haute flèche de la croisée du premier transsept (entre la nef et le chœur), fit subir au dallage des détériorations nombreuses. Après l'achèvement des réparations du gros œuvre, ce dallage fut démoli et remplacé par celui qu'on voit aujourd'hui.

Aucun des pavements inférieurs ne peut être attribué à quelque crypte détruite : tous ont appartenu, chacun en son temps, au sol de l'église haute. Ce mouvement ascensionnel continu du niveau s'explique aisément : il est la conséquence directe des exhaussements analogues qui se sont opérés, de siècle en siècle dans les rues de la ville. Il y a quatre ans, je retrouvais dans le narthex à 85 centimètres sous le sol actuel, l'ancien carrelage en terre cuite du xiie siècle; le niveau de cette partie de l'église et du porche était alors supérieur à celui de la chaussée qui aboutissait au portail ; aujourd'hui, la rue est de plein-pied avec le narthex. D'ailleurs, on a plus d'une fois reconnu, dans des fouilles sur divers points de la ville, d'anciennes chaussées enfouies à deux et trois mètres de profondeur. A chaque nouveau dallage, le sol de l'église s'est élevé, pour n'être pas débordé par le niveau toujours montant de la voie publique.

Deux tombeaux en pierre ont été trouvés au fond de la fouille, engagés en partie sous l'emplacement de la mosaïque, et placés tout contre la fondation du mur de la crypte. Ils ne sont plus intacts; à l'époque où l'on perça la fouille des caveaux, on tomba sur les extrémités de ces tombeaux du côté est, et comme elles faisaient saillie dans la tranchée, on en abattit la portion qui entrait dans l'emplacement que devait occuper le mur. Ils sont remplis de terre brune mêlée de moëllons; on y a retrouvé quelques ossements, et quelques fragments de vases en terre cuite noire. L'un d'eux (Pl. II, fig. 1 et 2) est formé d'une grande pierre creusée en forme d'auge, et recouverte de deux dalles très-épaisses, carrées à chaque extrémité, et chanfrénées en forme de toit à double pente dans l'intervalle entre les extrémités.

L'autre tombeau (Pl. II, fig. 3 et 4) présente une disposition plus rare : il est constitué de deux pierres d'égales dimensions et superposées; chacune d'elles est creusée à l'intérieur, de sorte qu'un corps y serait placé comme une noix entre ses deux coquilles. La pierre formant couvercle est plate par-dessus; ses deux arètes longitudinales sont élégies de moulures s'amortissant contre un renflement sphéroïdal, à un pied de chaque extrémité; cette extrémité reste carrée. Sur sa surface latérale est refouillée en creux une rosace à moulures circulaires qui offre encore quelques traces de coloration rouge. Ce cas insolite d'un cercueil formé de la superposition de deux moitiés semblablement creusées, permet de rattacher ce tombeau au même type que le tombeau de saint Quentin dans la crypte; ce sarcophage en effet a été dans les temps les plus anciens, tiré d'un tambour de colonne cannelée, en marbre d'un blanc jaunâtre; le tambour a été scié suivant son axe, et chaque moitié a été creusée à l'intérieur.

Prolongée du côté de l'ouest pour laisser voir toute la mosaïque, la fouille vint buter contre une pile en maçonnerie de moëllons abrupts et grossièrement appareillés, parmi lesquels on distinguait l'amorce des naissances de deux arcs se dirigeant, à travers les terre-pleins, dans le sens transversal du chœur, l'un à droite et l'autre à gauche de la pile qui reçoit leurs

ÉGLISE COLLÉGIALE DE St QUENTIN

Fragments de Tombeaux en pierre, découverts dans une
fouille sous le pavé du chœur.

1.er Tombeau.

Fig. 1. Vue de côté.

Fig. 2. Coupe en travers.

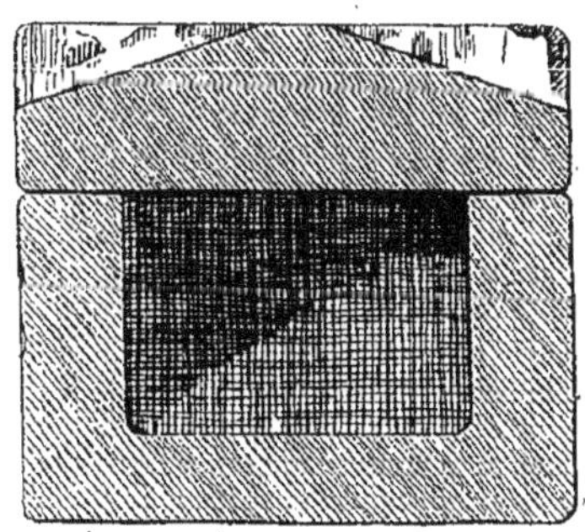

2.ème Tombeau.

Fig. 3. Vue de côté.   *Fig. 4. Coupe en travers.*

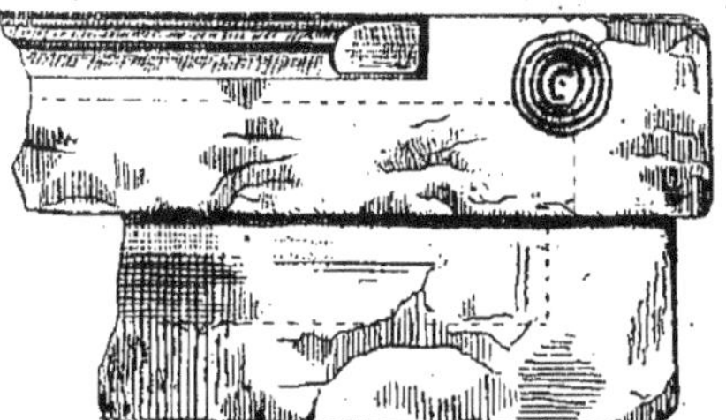

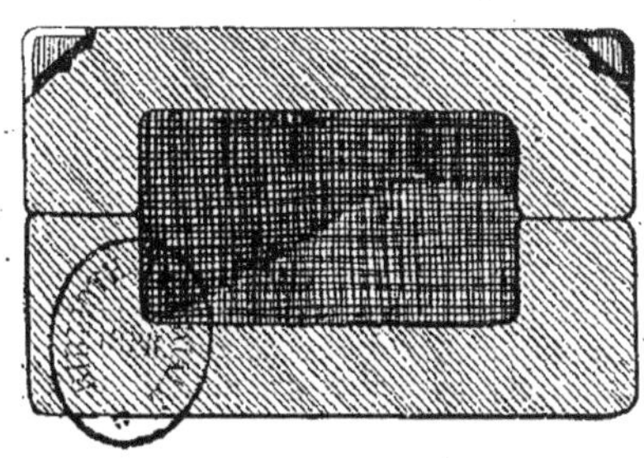

retombées. Il fallait, pour continuer la tranchée, la diriger obliquement vers le nord ou vers le sud ; il me parut préférable de la détourner du côté nord, en vue de me rapprocher du point que l'histoire locale assigne comme étant celui où saint Eloi avait découvert le corps de saint Quentin. En déblayant le dessous de l'arc, on dégagea partiellement une voûte en berceau, affectant la forme d'un segment circulaire, et construite avec des matériaux analogues à ceux de la pile. On ne peut supposer que cette maçonnerie ait appartenu à quelque ancien caveau comblé après coup ; c'est tout simplement une arche construite sur forme de terre, comme l'arche symétrique du côté sud de la pile, pour économiser un grand cube de matériaux de fondation, ainsi qu'on le fait encore aujourd'hui dans les terrains de remblai. Or, il faut se rappeler qu'au-dessus de cette substruction, s'élevait autrefois, entre les deux piliers toraux de l'entrée du chœur, le grand et magnifique jubé construit au xiv siècle. Lorsque Messieurs du Chapitre firent subir à l'église, après l'incendie de 1669, une restauration à la mode du temps, la démolition du jubé fut un de leurs premiers soins ; ils profitèrent, pour cela, de ce que ce splendide ouvrage avait éprouvé quelques avaries.

En débarrassant les joints de la voûte des incrustations de terre et des bavures de mortier qui emplâtraient la plupart des matériaux, je reconnus que cette voûte était faite de pierres de démolition : ici un fragment de base ; là, un tronçon de colonne ; ailleurs, un débris de corniche, un chapiteau sculpté. Par leurs caractères, ces morceaux doivent être attribués au style roman. Ainsi, les deux arches ont été établies, à n'en pas douter, pour servir de fondation au jubé ; elles ont été construites avec des débris de l'église du xi siècle, qu'on démolissait à mesure qu'on élevait les travées de la nef actuelle.

La tranchée, dans son cheminement sous l'arche, rencontra dans la partie la plus reculée un autre massif composé de quartiers de pierres moulurées, sculptées, peintes, dorées, appartenant par leur style à l'époque de la Renaissance, et même au temps de Louis XIII. Il y a surtout, entre deux moëllons informes, un fragment d'une statue de martyr, stigmatisée de plaies, et consistant en un torse trois quarts nature, nu jusqu'aux reins, dont les épaules et la poitrine sont d'une facture admirable et d'une peinture exquise. Le tout repose, notons cette circonstance, sur un large fragment de dalle en marbre noir, placé horizontalement dans un terrain beaucoup plus ancien. Comment s'expliquer en cet endroit un pareil enfouissement de débris d'œuvres d'art presque modernes? Voici l'hypothèse qui me paraît la plus vraisemblable. Reportons-nous encore au sinistre de 1669 : la flèche, en s'écroulant, creva les voûtes du transsept, les entraîna dans sa chute, et toute cette masse précipitée sur le sol dut y produire un enfoncement. Tout près de là était le jubé qu'on démolit la même année et qu'on résolut de remplacer par une clôture que Colliette, qui écrivait en 1765, certifie être *d'une élégance admirable,* et bien préférable à ce gothique jubé *qui masquait l'entrée du chœur.* Cette nouvelle clôture était munie de pilastres, et pour raffermir le sol effondré à leur base, on dut établir ce blocage en sous-œuvre ; on y fit entrer les premières épaves venues d'ouvrages d'art, d'autels, d'édicules, plus ou moins endommagés, et dont plusieurs étaient d'une époque encore récente.

Outre ces restes de constructions anciennes, il s'est rencontré souvent, dans les déblais, des moëllons de petit échantillon, bien et régulièrement taillés sur toutes faces, et qui ne sauraient être assimilés aux matériaux de l'un ou de l'autre des genres précédemment énumérés ; ceux-là ont probablement appartenu à l'une des églises antérieures.

En fouillant au pied de la pile qui porte les deux arches, on a découvert des pierres d'un aspect bien différent de toutes les autres, et dont quelques-unes sont engagées sous le soubassement même de cette pile ; d'autres sont gisantes isolément au niveau de l'aire de la mosaïque ; elles ne sont comparables aux autres matériaux, ni par leur masse, ni par leur forme. Leur volume à lui seul (quelques-unes ont plus d'un mètre de longueur et de largeur, sur une hauteur qui varie entre 40 et 60 centimètres) les exclut de la période du moyen âge, où l'on a constamment, dans notre contrée, employé des pierres de dimensions beaucoup plus petites, surtout dans les temps antérieurs au siècle de Philippe-Auguste. L'une d'elles présente un parement orné d'un rang de grands losanges refouillés et régulièrement disposés les uns à la suite des autres ; une autre a fait partie d'un pilastre engagé, portant de belles cannelures rudentées. Elles ont tous les caractères de l'époque gallo-romaine, et ont dû appartenir à quelque édifice important de l'*Augusta Veromanduorum*.

Le dernier résultat de la fouille a été la découverte, sous l'arche, d'une aire ou pavement en ciment de briques pulvérisées, dont le niveau est d'une hauteur de marche en contrebas du niveau de la mosaïque. Dans cette aire en ciment on retrouve un petit panneau de la même mosaïque, et tout auprès une dalle en marbre noir de 1 mètre 66 de longueur sur 70 centimètres de argeur et 22 centimètres d'épaisseur. Dans aucune des fouilles qui ont été pratiquées jusqu'ici sur divers points de l'église, on n'a encore rencontré rien d'analogue. Les tombeaux en pierre sont nombreux ; en quelque point que l'on creuse, on a l'assurance d'en trouver ; mais cette dalle, ainsi placée à 2 mètres 50 au-dessous du sol, est unique. Elle ne porte aucune inscription, aucune figure ; la netteté de son poli prouve qu'elle n'a pas subi le frottement qui résulte de la circulation, et qu'elle a toujours été respectée ou protégée.

Pour nous expliquer ce qu'elle peut signifier, rappelons-nous encore un détail du jubé qui s'élevait au-dessus. Cet édifice se composait de trois arcades profondes sur lesquelles s'étendait une grande tribune où l'on accédait par des escaliers tournants placés près des piliers toraux. L'arcade centrale formait l'entrée du chœur, et sous la voussure de chaque arcade latérale était un autel. L'autel du côté de l'évangile était consacré à saint Quentin : c'était l'autel de cuivre ; sous sa table était une grande dalle de marbre noir, objet de la vénération publique, et destinée à perpétuer la marque du point précis où saint Eloi avait fait l'invention du corps de saint Quentin, inhumé là par sainte Eusébie. Or, des mesures que j'ai relevées il résulte que la dalle en marbre noir découverte dans la fouille correspond, en grandeur, en position et en direction, à l'endroit même où se trouvait, au-dessus du sol, la dalle de l'autel de cuivre: l'une est le contrôle et le témoin de l'autre. De plus cette dalle se trouve précisément au-dessous du fragment de dalle semblable que nous avons signalé tout-à-l'heure au pied du massif; ce qui prouve bien qu'à mesure qu'on exhaussait de siècle en siècle le sol de l'Eglise, on avait soin de repérer ce point par une dalle de forme, de position, et de matière toujours identique. Et comme on sait que saint Quentin avait été inhumé par sainte Eusébie sur l'emplacement même où il avait subi le supplice de la décollation, par les ordres et sous les yeux du Préfet du prétoire Riccius Varus, on peut dire que la terre recouverte par cette dalle a été arrosée du sang de l'apôtre du Vermandois.

Comme ces terrains géologiques dont les divers étages sont le produit des révolutions de la nature, et renferment les détritus des séries d'êtres qui se sont succédé à la surface du globe, le sous-sol de l'église de Saint-Quentin est la somme des sédiments accumulés par les ruines et les transformations des anciens âges ; il est dépositaire des témoignages tangibles de l'histoire politique, religieuse et artistique de notre contrée. Ces débris, mêlés à la cendre des générations passées, forment le trait d'union qui nous rattache, Saint-Quentinois du xixe siècle, aux Veromandues d'il y a deux mille ans; ils indiquent les divers états de développement et de perfectionnement par lesquels le monument a passé, depuis l'infime et rudimentaire église de sainte Eusébie.

Lorsque Mgr d'Aubigné, évêque de Noyon, entra pour la première fois dans la collégiale en 1704, il s'arrêta sur le seuil, saisi d'admiration devant la magnificence et la majesté de

l'architecturé, et parcourant du regard l'immensité du vaisseau : *Vraiment*, s'écria-t-il, *cette église paraît avoir été construite plutôt pour commander aux autres, que pour obéir
à aucune !* Oui sans doute, admirable est l'ordonnance de la
structure qui sort de la ligne de terre : mais sous cette ligne de
terre sont ensevelis des trésors d'histoire et d'art dont la valeur
n'est pas moindre. Le temps ne marche qu'en faisant des ruines,
mais il n'anéantit pas tout ce qu'il brise. Combien d'événements
ont déposé là une trace de leur cours, combien de générations
une empreinte de leurs pas! En un mot le sous-sol de l'église
n'est autre chose qu'un vénérable tumulus, tout plein des reliques de dix-huit siècles.

NOTE

Pendant que nous faisions exécuter les fouilles dont nous venons de rendre compte, une personne qui les suivait à notre insu, s'est persuadée que ce travail compromettait gravement la solidité des fondations du chœur ; cette personne, dont nous ignorons le nom, a cru devoir faire part de ses craintes au Ministère de la Maison de l'Empereur et des Beaux-Arts.

S. Exc. M. le Ministre a demandé des éclaircissements à M. le Maire de la ville de Saint-Quentin, qui nous a invité à lui adresser un Rapport immédiat sur la nature, l'importance et l'état des fouilles.

Cet incident inattendu transportait la question sur un nouveau terrain, et la présentait sous des aspects tout autres que ceux qui avaient fait l'objet du mémoire précédent.

M. le Maire ayant bien voulu donner son assentiment à la publication du Rapport, nous avons pensé qu'il ne serait peut-être pas sans intérêt de l'annexer à la relation qu'on vient de lire. Ces deux pièces se complètent l'une par l'autre, en ce qu'elles indiquent les divers points de vue d'où nous avons dû envisager et les fouilles déjà opérées, et celles qui pourront leur faire suite.

RAPPORT A M. LE MAIRE DE LA VILLE DE SAINT-QUENTIN

SUR LES CONDITIONS

ACTUELLES DE STABILITÉ DE LA COLLÉGIALE,

à l'occasion des Fouilles récemment effectuées dans ce monument.

Saint-Quentin, le 22 mai 1866.

Monsieur le Maire,

Par votre lettre en date du 16 courant, vous m'avez fait l'honneur de me prévenir « que S. E. M. le Ministre de la
» Maison de l'Empereur et des Beaux-Arts a été informé que
» des fouilles sont pratiquées en ce moment à l'entrée du chœur
» de la collégiale de Saint-Quentin, c'est-à-dire dans la partie
» de ce monument dont la solidité se trouve être plus grave-
» ment compromise par le mouvement qui s'est produit dans
» la construction, et qu'il exprime la crainte qu'elles ne devien-
» nent la cause de nouveaux désordres, si elles ne sont pas
» dirigées avec la plus extrême prudence. »
Vous m'avez, en conséquence « invité à vous adresser un
» rapport circonstancié des travaux qui ont été faits jusqu'à ce
» jour et à suspendre l'exécution de ceux restant à faire jus-
» qu'à ce que je vous aie fait connaître leur but et leur impor-
» tance, et que je vous aie, de plus, justifié de l'adoption des
» mesures nécessaires pour prévenir tout accident. »
Je viens, Monsieur le Maire, répondre à votre invitation, et vous soumettre le rapport des travaux faits jusqu'ici.

I.

But et importance de la fouille.

Historique de la recherche. — Sous le pavé du chœur, et à six mètres de la ligne des piliers toraux des grands transsepts, existe une crypte dont trois caveaux ont été construits au commencement du IXe siècle, et dont la nef transversale, qui s'étend sous toute la largeur du chœur, ne remonte qu'au XIVe siècle. De nombreux motifs, tirés de l'histoire du culte et du monument, et dont ce rapport ne comporte pas l'énumération, fournissent la presque certitude qu'antérieurement à la crypte du XIVe siècle, il en existait une autre beaucoup plus considérable. Frappé de ces motifs, et animé du désir de rechercher les restes vénérés de l'église souterraine qui reçut en dépôt, dans les temps les plus reculés, les reliques des martyrs de la province, feu M. l'archiprêtre Tavernier avait demandé au conseil de fabrique, il y a trois ans, que des investigations fussent entreprises aux environs de la crypte actuelle. Chargé de la direction de ce travail, je fis d'abord opérer quelques sondages qui n'amenèrent pas de résultat significatif ; puis, je fis percer, dans l'axe du chœur, au-delà de la crypte, vers l'abside, une tranchée d'un mètre et demi carré d'ouverture et de six mètres de profondeur. Cette fouille conduisit à la découverte d'anciens tombeaux en pierre, mais n'apprit rien au sujet de la chapelle souterraine primitive. Elle fut ensuite comblée par couches de niveau, pilonnées avec soin.

Cet hiver, sur la demande de M. l'archiprêtre Gobaille, le conseil de fabrique, toujours dans le même but, prescrivit de nouvelles recherches dans la partie du chœur qui s'étend entre la crypte et les grands transsepts.

Pour procéder avec méthode, j'ordonnai d'abord l'ouverture d'une tranchée d'un mètre carré à peu près de section, dans l'axe du chœur et tout contre le mur formeret de la crypte, du côté de l'ouest. Cette fouille, à ciel ouvert, traversa d'abord une série de couches de terrains variés, stratifiées de niveau, et indiquant une suite d'anciens carrelages superposés. Descendue à la profondeur de 2 mètres 37 en contrebas du pavé actuel du chœur, elle rencontra le bord d'un très-ancien dallage en mosaïque. Je fis alors diriger cette tranchée, toujours à la largeur d'un mètre, dans le sens qu'indiquait la mosaïque et je la poursuivis ainsi jusqu'à trois mètres de distance du formeret de la crypte. Le dallage s'arrêtait là; il était détruit plus loin, et son aire en ciment subsistait encore. La tranchée poussée un peu plus loin à la même profondeur, mit à découvert des pierres d'un échantillon extraordinaire, posées irrégulièrement, isolées dans le remblai, et n'ayant aucun rapport avec les maçonneries de l'église. Un peu plus loin, je rencontrai une autre pierre, de grand appareil, et indiquant par sa forme qu'elle avait appartenu à un grand pilastre antique à cannelures. Près de là, j'arrivai à une pile en maçonnerie grossière formée de matériaux de démolition de l'ancienne église sur l'emplacement de laquelle est construite la collégiale actuelle. Cette pile reçoit les retombées de deux voûtes ou arches, cintrées en arcs de cercle de 3 m. 00 de corde et de 1 m. 15 de flèche, complètement noyées dans le remblai; ces deux arches, prises dans leur ensemble, s'étendent sur une grande partie de l'espace entre les piliers toraux à l'entrée du chœur, et l'extrados de leurs clefs est à quelques centimètres seulement au-dessous du pavé actuel. Leur distance à la crypte, c'est-à-dire la longueur totale de la tranchée, est de 5 m. 60.

Le sol dans lequel la tranchée fut ouverte est d'une grande compacité, à l'exception de deux couches supérieures d'une faible épaisseur formées par l'agrégation de déchets de pierres, provenant à n'en pas douter de la taille à pied d'œuvre, lors de la construction du chœur actuel.

La tranchée avait été étrésillonnée dans toute sa longueur, non pas en vue de s'opposer à un mouvement quelconque des colonnes du chœur, ce qui eût été absolument illusoire, comme je le démontrerai plus loin, mais simplement pour éviter que le bord de la fouille fût ébranlé par les pieds des curieux qui, franchissant à la dérobée la barrière placée tout autour, auraient été tentés de trop s'approcher du vide.

Pour s'expliquer la raison d'être des deux arches ainsi découvertes, il suffira de se rappeler qu'avant l'incendie de 1669, l'entrée du chœur était fermée par un jubé (construit au xive siècle) ; ce vaste ouvrage, composé de trois arcades profondes, était porté sur une fondation spéciale, établie postérieurement à l'achèvement du chœur et des transsepts : les deux arches dont il s'agit ne sont autre chose que ces fondations elles-mêmes.

Je fis retirer sous l'arche du côté de l'évangile, une quantité de terre suffisante pour constater l'état et les matériaux de cette maçonnerie ; j'y remarquai plusieurs pierres moulurées, sculptées, peintes et dorées, employées comme moellons. A vingt centimètres en contrebas de la mosaïque, je découvris une grande dalle noire engagée dans une aire en ciment qui présentait encore un fragment de mosaïque, et placée exactement au lieu même que les traditions les plus reculées asssignent comme étant celui où saint Eloi fit l'invention du corps de saint Quentin ; d'où l'on peut conclure que c'est l'endroit où il avait été inhumé par sainte Eusébie, et selon toute présomption, martyrisé par le Préfet du Prétoire Riccius Varus.

Ainsi, Monsieur le Maire, comme il arrive quelquefois en pareil cas, au lieu de trouver ce qu'on cherchait, on fit des découvertes d'une toute autre nature, très-inattendues, et dont l'importance n'est pas moindre.

Le conseil de fabrique que j'informai des résultats obtenus, se réunit et fit la visite de toutes ces antiquités, parmi lesquelles je dois mentionner encore trois tombeaux en pierre, d'une haute ancienneté, plus ou moins mutilés par les substructions du ixe siècle. L'un de ces tombeaux présente une forme des plus remarquables.

La Société académique délégua sa commission archéologique, et j'eus l'honneur d'être chargé de lui faire un rapport préliminaire sur l'ensemble des découvertes.

M. Ch. Gomart, inspecteur et correspondant du ministère pour les monuments historiques, voulut bien aussi se rendre à cette réunion, et je fus d'autant plus heureux de mettre sous ses yeux les résultats obtenus, qu'il y prit un vif intérêt.

En résumé, Monsieur le Maire, les fouilles ont amené les découvertes suivantes :

Huit dallages ou traces de dallages superposés ; la mosaïque, composée de petits prismes de marbre blanc, de marbre noir, et de terre cuite rouge, représentant des dessins géométriques avec bordures en grecque ; des tombeaux très-anciens ; des pierres de monuments gallo-romains ; d'autres de l'église romane ; la dalle qui confirme la tradition relative à l'emplacement de la sépulture initiale de saint Quentin ; des fragments de dallages en *carreaux de verre* ; des fibules mérovingiennes en bronze argenté ; des médaillons romains en verre émaillé, montés sur cuivre, imités des camées ; des débris de poteries ; des fragments de mosaïque de diverses époques ; des monnaies du moyen âge ; etc., etc. Je m'écarterais de l'objet de ce rapport, si j'entrais dans les détails archéologiques auxquels donnent lieu ces découvertes. Je ne m'étendrai pas plus longuement sur ce point, mais je me propose d'adresser au Comité des monuments historiques et des sociétés savantes une relation complète en temps opportun.

Sur ma demande, le conseil de fabrique prit les décisions suivantes :

1° Ne pas enlever la mosaïque pour la déposer au Musée ou dans un endroit apparent de l'église, mais la laisser intacte à la place qu'elle occupe ;

2° Elargir la fouille du côté du nord pour découvrir une plus grande étendue en largeur de cette mosaïque, et de manière à ce que son axe soit celui même du chœur ;

3° Construire deux murs de soutènement longitudinaux pour maintenir la poussée des terres, si elle tendait un jour à se produire ;

4° Enfin, couvrir l'intervalle entre ces murs par des voûtes.

Je fis immédiatement exécuter les travaux ordonnés; ils sont terminés aujourd'hui, et en voici la description sommaire.

La fouille fut portée à la largeur de 3 mètres 72 sans que sa profondeur fût augmentée. Cet accroissement de largeur était nécessaire pour permettre d'établir les murs de soutènement (qui ont chacun 0 m. 50 d'épaisseur, en briques hourdées au mortier de chaux hydraulique) en dehors de la mosaïque ; il en résulte que la largeur totale du caveau ainsi formé entre les murs de retenue, est de 2 m. 72. Le caveau s'étend depuis le parement extérieur du formeret de la crypte, jusqu'aux arches de fondation du jubé ; sa longueur est donc de 5 m. 60, comme je l'ai expliqué plus haut. Son plafond est formé de petites voûtes en briques, de 0 m. 80 de largeur, de 0 m. 22 d'épaisseur, cintrées en arcs de cercle de 0 m. 15 de flèche, hourdées au ciment romain, et portées sur de très-fortes solives en fer à double T peintes à l'huile, dirigées trans-versalement au chœur, scellées dans les murs longitudinaux du caveau, et capables de supporter en toute sécurité une charge permanente de 1,800 kilogrammes par mètre carré ; la hauteur du caveau, à compter de la mosaïque jusque sous les solives, est de 1 m. 90.

Quatre petits arcs en décharge ont été ménagés dans les murs du caveau, sur les points utiles, pour permettre de voir et de toucher les tombeaux et les grosses pierres, qui sont restés exactement dans l'état et dans la position où ils ont été trouvés, ainsi que l'explique d'ailleurs une légende que j'ai fait inscrire sur le mur du caveau.

Le carrelage du chœur étant rétabli sur les voûtes, une ou-verture rectangulaire y a été réservée : c'est par là qu'on des-cend dans le caveau, au moyen d'un escalier en maçonnerie construit à cet effet ; l'ouverture doit être fermée à fleur du dal-lage, par une porte solide en fer forgé à dessins très-serrés.

Il va sans dire que les terres des fouilles ont été passées à la claie fine, et visitées avec soin avant leur enlèvement.

II.

Mesures adoptées pour prévenir tout accident.

L'exposé que je viens d'avoir l'honneur de vous soumettre, Monsieur le Maire, touchant l'ordre et la succession des travaux exécutés indique la plupart des mesures adoptées.

Mais comme le point essentiel du rapport que je dois vous faire, consiste à mettre S. Exc. M. le Ministre à même d'apprécier si ces travaux ont pu ou pourraient éventuellement devenir la cause de la moindre aggravation dans l'état des parties de l'église qui environnent la fouille, il est nécessaire que je rappelle sommairement cet état même, et ses causes.

Il est caractérisé par cette circonstance que les piles qui portent la maîtresse-voûte présentent une inclinaison très-sensible du dedans au dehors, comme si les contreforts extérieurs, construits trop légèrement, n'avaient pas tout d'abord opposé une résistance suffisante à la poussée de ces voûtes, et comme si l'équilibre ne s'était établi qu'après ce mouvement d'élargissement des voûtes. Cet écartement a dû se produire et s'est produit effectivement dès l'origine de la construction.

Un historien de l'église de Saint-Quentin, qui écrivait en 1640, Quentin de la Fons, s'exprime ainsi à ce sujet :

« Ce qui est singulier, c'est que le haut du chœur depuis les
» chapiteaux des piliers paraît plus large que le bas. Quelques-
» uns estiment que cela provient de ce que ces piliers forplom-
» bent en dehors; mais d'autres ne peuvent croire que cela
» vienne de cette cause, d'autant plus que cela se voit même
» aux deux gros piliers du chœur, qui ne se peuvent être ainsi
» renversés, pour ce qu'ils sont trop bien appuyés sur la croisée
» (les transsepts) qui est de part et d'autre, et que d'ailleurs, si
» cet élargissement provenait du renversement desdits piliers,
» on verrait d'autres corruptions en ce bâtiment : de sorte que,
» tout bien considéré, ils estiment que cela a été fait à dessein,
» pour montrer la hardiesse de l'ouvrage. »

Cette dernière opinion est encore partagée aujourd'hui par des personnes très-compétentes; je me permettrai de citer M. Bonnet, ingénieur en chef de la ville de Lyon, qui l'adopte complètement.

Je n'entrerai pas ici dans la discussion de l'une et de l'autre opinion; mais je me hâte de dire que, dans ma conviction, l'état actuel du chœur est l'effet d'un mouvement initial, et non le résultat d'une disposition projetée intentionnellement.

Je ne relate ces circonstances que pour bien établir ce fait, qu'il y a deux cent vingt-cinq ans, le chœur se trouvait déjà, depuis un temps immémorial, dans les conditions où il se trouve aujourd'hui.

Il importe en outre de constater que les mouvements n'ont eu lieu que dans le sens horizontal , et jamais dans le sens vertical ; ils résultent exclusivement de ce que les contre-poussées des arcs-boutants ne se sont pas trouvées, au moment du décintrage, égales aux poussées des voûtes; ils ne résultent nulle part de ce que les piles ou leurs fondations auraient été insuffisantes à porter les charges.

Ainsi, il n'y a eu dans la construction primitive aucun vice de fondation; il n'y a sur aucun point du monument, tendance à l'écrasement; tous les points d'appui ont parfaitement résisté aux efforts verticaux résultant du poids des maçonneries; seulement, quelques-uns d'entre eux ont cédé, jusqu'à une certaine limite à laquelle ils se sont arrêtés, aux efforts horizontaux développés par les appareils; enfin, ces effets sont d'une date très-ancienne, et sont restés stationnaires depuis des siècles.

Or, le système ogival a été conçu précisément pour permettre ces sortes de mouvements dans de larges limites, sans pour cela excéder les conditions de stabilité; et si, au premier aspect, on est porté à trouver la construction du chœur imparfaite à cause des dérangements qui s'y sont produits, on est surpris au contraire, en y réfléchissant, de la perfection de ce type éminemment élastique, qui, en n'employant que de petits matériaux, arrive par l'équilibre à une stabilité compatible avec des mouvements tout à la fois étendus et virtuels.

Dès l'instant que les fondations des colonnes du chœur n'ont jamais subi la moindre altération, il devient évident qu'une tranchée de 2 mètres 37 de profondeur, ouverte à plus de quatre mètres de distance des dites colonnes (la largeur totale du chœur entre les colonnes est de 12 mètres, et la fouille placée exactement au milieu du chœur, avait 3 mètres 72 de largeur) dans un terrain parfaitement stratifié par couches de niveau, compactes, de faible épaisseur, se coupant à pic sans éboulement, cette tranchée, dis-je, n'a pu produire aucun effet sur les fondations. La tranchée aurait même été poussée jusqu'au pied des colonnes, qu'il n'en aurait pu résulter l'ombre d'un danger. C'est qu'en effet, l'empattement des soubassements, la masse des libages, le poids immense de l'édifice, donnent aux fondations une assiette tellement consistante, que la poussée du prisme de terre qui les environne sur la profondeur de 2 mètres 37 s'évanouit absolument, en comparaison des causes presque infinies d'immobilité qui agissent sur ces fondations.

Aussi, n'a-t-on jamais hésité à fouiller autour de ces piliers. Le sol est profondément remué dans les collatéraux par les sépultures qui s'y sont faites jusqu'en 1790. La crypte du xiv⁰ siècle, percée après le renforcement des piliers du chœur, traverse le vaisseau de part en part, et ses portes sont ouvertes dans les fondations mêmes des colonnes. En 1670, le chapitre n'a pas craint de faire démolir le grand jubé qu'on aurait pu croire utile pour entre-tenir les piliers toraux ; cet ouvrage est supprimé depuis deux siècles, et aucun mouvement nouveau n'en est résulté.

Pour que la fouille dont il s'agit eût pu exercer la moindre action sur les fondations du chœur, il aurait fallu d'abord que les terres dans lesquelles elle a été percée se fussent éboulées ou crevassées de proche en proche jusqu'aux fondations ; il aurait fallu en outre que les terres qui environnent ces fondations fussent nécessaires à leur stabilité. Enoncer de semblables hypothèses, c'est montrer leur impossibilité ; et si elles étaient admissibles, si la solidité du chœur pouvait en quoi que ce soit être conjuguée au plus ou moins de cohésion des terres qui entourent sa fondation à une profondeur de 2 mètres 37 (je devrais dire 1 mètre 87, attendu que la base des colonnes a été enterrée par les derniers carrelages d'environ 0 m. 50), une mesure suprême aurait dû être prise depuis longtemps : c'eût été de condamner le chœur ; un édifice dont la solidité dépendrait de circonstances aussi précaires n'offrirait plus aucune sécurité.

Même en admettant pour un instant cette hypothèse détruite par l'évidence des faits, j'ajouterai que la construction du caveau, loin d'avoir pu nuire en quoi que ce soit à la solidité, aurait pour effet d'y ajouter grandement : la qualité et les épaisseurs des matériaux employés, les dispositions des solives et des voûtes, forment en sous-sol un étrésillonnement d'une extrême énergie, et capable de résister à tous les efforts futurs.

Vous savez vous-même, Monsieur le Maire, quelles ont été toutes les circonstances du travail ; vous avez bien voulu, dans votre incessante sollicitude pour tout ce qui intéresse nos monuments et l'histoire de l'art, visiter les fouilles et examiner les découvertes. M. l'architecte de la ville, à qui j'ai fait voir l'ensemble des opérations, a pu juger par lui-même des conditions dans lesquelles elles se sont accomplies ; avec l'autorité de son expérience et de sa prudence, il a pu vous dire si quelque partie de l'édifice avait été exposée à la moindre atteinte.

Il est à regretter que la personne qui s'est chargée d'informer Son Exc. M. le Ministre, n'ait pas jugé convenable de s'enquérir près de moi des circonstances et de la marche de ce petit travail. Je me serais empressé de lui fournir, et même de lui offrir toutes les explications et tous les détails désirables. J'aurais été heureux, pour elle et pour moi, de la mettre à même de ne donner au Ministère que des renseignements exacts et mûrement réfléchis. Elle m'aurait évité la situation non moins pénible qu'inattendue, d'avoir à me justifier d'une recherche bien inoffensive sous le rapport des moyens employés, et qui n'a pas été stérile sous le rapport de l'histoire de l'église et de la ville.

III.

Travaux restant à faire.

Ainsi que je l'ai exposé plus haut, les travaux sont entièrement terminés depuis la semaine dernière; il ne reste qu'à raccorder le dallage du chœur autour de l'encadrement de la grille d'entrée du caveau.

Mais je crois devoir, Monsieur le Maire, à raison des circonstances qui se produisent, vous faire connaître un projet de nouvelles fouilles dont le conseil de fabrique pourra approuver l'exécution, et pour lequel la Société académique a déjà voté une subvention.

Permettez-moi de vous soumettre les motifs du haut intérêt que ces fouilles devront offrir.

Il est à remarquer d'abord que la constatation précitée de l'emplacement de la sépulture de saint Quentin, fournit un point fixe qui détermine la position des églises les plus anciennes, construites successivement depuis l'an 355.

La relation authentique de l'invention par saint Eloi s'exprime ainsi : *In posteriori ecclesiæ parte effodiendum designat..... mox reperit cumbum sanè veterrimum, tegentem corpus sacratum.* Ainsi, le corps de saint Quentin fut découvert *in posteriori ecclesiæ parte,* dans la partie la plus reculée de l'église, au fond du chœur ; d'où il résulte (et cela confirme l'exactitude des textes relatifs à la construction de la nef actuelle sur l'emplacement de l'ancienne église romane) que la dalle découverte dans notre fouille marque l'extrémité orientale de l'église primitive. J'en conclus que les grands transsepts et la nef occupent aujourd'hui le lieu même de toutes les églises antérieures ; leur sous-sol doit donc être plus riche encore en reliques des temps anciens que le chœur où la fouille vient d'être faite. Il est impossible assurément de présumer ce qu'il renferme, mais on peut concevoir le légitime espoir d'y découvrir des restes de la plus haute antiquité.

Ainsi, les fouilles projetées seraient faites en dehors du chœur, en avant de l'ancien jubé, dans les grands transsepts, et peut-être jusque dans la nef, toutes parties de l'église dont je suppose que la solidité n'est pas considérée comme compromise.

Toutefois, je dois vous soumettre mon embarras.

Pourrai-je, si le conseil de fabrique vote l'exécution de ces fouilles, y faire procéder sans autre formalité ?

Ou bien, devrai-je, avant d'entreprendre le travail, vous en exposer l'importance, et attendre votre avis favorable ?

Dans ce dernier cas, il serait bien difficile d'assigner d'avance l'étendue et la direction des fouilles : l'inconnu seul en est le maître. Vous venez de voir comment celles du chœur ont changé successivement de but, de caractère et de résultat. Celui qui les dirige a nécessairement besoin de quelque latitude ; sinon, tous ses efforts seront infailliblement paralysés.

Je ne veux pas rechercher si c'est là l'objet que s'est proposé la personne qui a cru devoir alarmer la haute vigilance de Son Excellence ; mais qu'il me soit permis, malgré ma répugnance à le faire, d'invoquer les titres que je puis m'être acquis à la confiance du ministère, puisque c'est une nécessité de la situation imprévue dans laquelle je me trouve aujourd'hui :

. . . .

. . . .

. . . .

Je termine, Monsieur le Maire, ce rapport dont la longueur a pour excuse mon désir de vous le remettre sans délai, je vous donne l'assurance qu'aucune nouvelle fouille ne sera entreprise, jusqu'à ce que vous m'ayez fait connaître la décision de M. le Ministre.

Je suis, etc.

P. BÉNARD.

Saint-Quentin. — Imprimerie Jules Moureau, Place de l'Hôtel-de-Ville, 7,